ROBERT PATTINSON

Cover : VMAN Magazine Photoshoot – Doug Inglish
Crédit photographiques livret : p.3 : VMAN Magazine Photoshoot – Doug Inglish - p.4/5 : San San – p.6 : Frank Podeorsek - p.7 : Capricho mag (édicion especial) – p.8 : Frank Podeorsek - p.9 : D.R – p.10/11 : San San – p.12/13 : Caz – p.14 : Frank Podeorsek - p.15 : Just Jared.com – p16/17 : Caz – p.18 : Lizard - p.19 : D.R - p.20/21 : Lizard – p.22 : Natalya Semenchuck - p.23 : Michael Buckner Getty image 2009 - p.24/25 : Caz – p.26 : Liz Van Steenburgh - p.27 : Bigpicturesphoto.com – p.28/29 : Liz Van Steenburgh – p.30/31/32/33 : Lizard – p.34 : San San - p.35 : Bauer-Griffin LLC - p. 36/37 : San San – p.38/39 : Murray Close – Entertainement Inc. - Harry Potter Plublishing right J.K.R/warnerbros – p.40/41 : San San – p.42 : Liz Van Steenburgh - p.43 : Summit Entertainement – p.44/45 : Natalya Semenchuck – p.46 : Lizard - p.47 : MTV'S 'TRL' - p.48/49 : D.R – p.50/51 : Natalya Semenchuck - p.52 : San San - p.53 : Bauer-Griffin LLC – p.54/55/56/57 : Caz – p58/59/60/61 : Robert Fori – p.62 : Frank Podgorsek - p.63 : Bauer-Griffin LLC – p64/65 : Frank Podgorsek – p.66/67 : Liz Van Steenburgh – p.68 : San San - p.69 : D.R – p.70 : Frank Podgorsek - p.71 : Frameo Origlia – Getty Images Europe. 2008 – p72/73 : Liz Van Steenburgh – p.74 : Frank Podgoser - p.75 : D.R – p.76/77 : San San - p.78/79 : Summit Entertainement - p.80/81 : Natalya Semenchuck - p.82/83 : D.R – p.84 : Natalya Semenchuck - p.85 : Ew Photoshoot James White – p.86 : Natalya Semenchuck - p.87 : Ew Photoshoot – James White – p.88 : Robert Fori - p.89 : D.R - p.90/91 : Robert Fori - p92 : San San - p.93 : D.R – p.94/95 : Summit Entertainement.

Imprimé en UE

CARTE D'IDENTITÉ

Nom : Pattinson

Prénom : Robert Thomas

Surnoms : Rob ou Patty pour les amis ; RPattz pour les fans (même s'il pense que cela sonne comme le nom d'un médicament), Spunk, Randsom

Date de naissance : 13 mai 1986

Lieu de naissance : Barnes ville située dans la banlieue de Londres

Situation de famille : célibataire

Famille : sa maman, Clare, a travaillé dans la mode ; son papa, Richard, est un homme d'affaires

Frères et sœurs : deux sœurs aînées Victoria (publicitaire) et Lizzy (chanteuse)

Taille : 1.88 m

Pointure : 42

Cheveux : châtains

Yeux : gris bleus

Signe astrologique : Taureau

Instruments de musique joués : piano et guitare (il a monté un groupe intitulé Bad Girls). Robert a appris à jouer de la guitare grâce à un cours en dix heures

Acteurs préférés : Jack Nicholson, Al Pacino, Michael Gambon, Warwick Davis

Actrice préférée : Kristen Stewart (Bella Swan dans Twilight)

Défauts : timide, nerveux, tête en l'air (il ne sait jamais où il gare sa voiture)

Restaurant : In-N-Out Burger

Boisson préférée : Coca Cola

Ses héros préférés : Gambit dans X-men, Spiderman

Films préférés : Vol au dessus d'un Nid de Coucou, L'Exorciste, A bout de souffle,

Vampires au cinéma : Dracula interprété par Gary Oldman, Nosferatu interprété de Max Schreck

Dessins animés préférés : Sharkey&Gorge et Hammertime

Sports préférés : ski, football, snowboard

Son rêve : devenir pianiste professionnel

Signe particulier : des cheveux sauvagement coiffés

Passe-temps : jouer aux cartes, faire de la musique, écouter de la musique, écrire son journal

Plaisir dont il n'est pas fier : regarder American Idol

Ce dont il n'est pas fan : son nom, l'exercice physique régulier, le shopping, le temps pluvieux dans l'Oregon

Musiques préférées : la vieille musique blues. Robert adore Van Morrison mais aussi Terry Reed, un chanteur des années 70. Il aime aussi le rap et en particulier Eminem

Son dinosaure préféré : le diplodocus

Barnes, banlieue Londonienne, 13 mai 1986. La famille Pattinson s'apprête à accueillir un nouveau venu dans son foyer. Richard, le père, est un importateur de voitures américaines sur le sol de sa Royale Majestée, la Reine Elisabeth. Originaire du Yorkshire, Richard Pattinson décide d'é migrer vers les USA au début des années 70. Alors qu'il est chauffeur de taxi, il se prend de passion, comme des milliers d'Anglais, pour les grosses américaines. Dix ans plus tard, il décide de rentrer au pays et d'importer des voitures pour les collectionneurs anglais.

Clare, la mère, est une très jolie femme et une ex-top model qui travaille aujourd'hui dans une agence de mannequins. Richard et elle ont déjà deux filles : Victoria, née en 1981 et Elizabeth, surnommée Lizzy, née en 1983. Mais Richard tenait absolument à avoir un fils. C'est chose faite le 13 mai 1986 avec la naissance de Robert Thomas Pattinson.

En 1986, la famille Pattinson est désormais nombreuse. Les parents, soucieux de la qualité de vie de leurs enfants, choisissent de vivre dans une banlieue calme et paisible. Ils emménagent dans une maison de style victorien où chaque enfant possède sa propre chambre. Loin de tous les ennuis de la vie courante et surtout des problèmes financiers, les Pattinson ne manquent pas d'inculquer à leurs enfants cer-

taines valeurs morales et le respect de l'argent. Une valeur chère à Robert qui ne s'éloignera jamais de ce principe, mais nous en reparlerons plus tard. L'enfance de Robert est très agréable, même s'il avouera plus tard que d'avoir deux grandes sœurs a été relativement épouvantable à vivre. Eh oui, le pauvre Robert est souvent obligé de jouer la poupée pour Victoria et Lizzy : « Jusqu'à ce que j'ai douze ans, mes sœurs m'habillaient en fille et me présentaient à leurs copines sous le nom de Claudia ». Pas facile de devenir un homme dans ces conditions… Ses premiers pas d'écolier, Robert les fait à Tower House, une école privée pour garçons de quatre à treize ans. Cet établissement très réputé met l'accent sur le développement de chaque enfant, sur la confiance et la responsabilité. Les valeurs y sont fortes et aucun écart de conduite n'y est permis. Elève timide et réservé, Robert n'en est pas pour le moins apprécié. Tower House a été l'un des moteurs dans sa volonté de devenir acteur. L'école attache une très grande importance à l'expression verbale et au fait de savoir parler devant plusieurs personnes. Ainsi, le jeune garçon a un coach personnel qui l'aide à vaincre sa timidité, des cours de théâtre qui lui apprennent l'art de l'improvisation et l'aisance devant un public. C'est d'ailleurs grâce à l'un de ses professeurs qu'il décroche son premier rôle dans une pièce intitulée : Spell For a Rhyme.

Les années passant, Robert devient de plus en plus séduisant. Et déjà sa fibre artistique se dévoile. Loin des préoccupations scolaires, le jeune adolescent laisse voguer son imagination et pense à des milliers de choses. D'ailleurs, ses résultats scolaires s'en ressentent et ses professeurs commencent à grincer des dents. Sans s'en inquiéter le moins du monde, Robert continue de développer son âme d'artiste à défaut de faire ses devoirs. Tower House est une école où l'on cherche à cerner l'enfant, où on l'aide à trouver sa voie, à se diriger vers ce qui lui semble naturel et non à l'enfermer dans un système qui ne lui convient pas. Robert n'est pas un rebelle qui crie constamment « fuck l'école ». Non, il est simplement attiré par d'autres horizons. Et cela, ses professeurs et ses parents l'ont bien compris. Son don pour le théâtre et la comédie se font de plus en plus sentir. Robert aime se produire sur les planches où l'on s'aperçoit rapidement qu'il est dans son élément. Il devient l'un des membres les plus actifs du club de théâtre de Tower House. Pourtant, malgré sa gueule d'ange et ses aptitudes théâtrales, Robert se fait exclure de l'école. L'établissement est très sévère et il ne garde que les meilleurs éléments, ceux dont les résultats scolaires sont excellents. Ce qui est loin d'être son cas. Cette exclusion est très importante dans la vie du jeune adolescent et peut-être même décisive dans ses choix de carrière.

Harrodian School et Barnes Theatre Company

Les parents Pattinson ont toujours voulu que leurs enfants reçoivent la meilleure éducation. Alors, quand à douze ans Robert se fait exclure de Tower House, ils l'inscrivent dans l'une des meilleures écoles privées de la région. Cette fois, l'établissement est mixte. Harrodian School est située à deux pas de la maison familiale. Cette école anglaise très réputée ne tolère pas le laisser-aller, et strict est le mot pour définir le règlement. Comme vous allez vous en apercevoir tout au long de cette description, un sentiment de déjà vu va vous envahir... Les élèves doivent porter uniforme, cravate pour les garçons, chaussures de ville... Aucune fantaisie capillaire n'est admise et la moindre infraction au règlement entraîne un renvoi immédiat. Les élèves sont encadrés de A à Z et rien n'est laissé au hasard. En plus des cours obligatoires, les jeunes gens ont la possibilité de choisir entre de multiples options. L'école, très riche, possède de superbes infrastructures qui permettent un parfait épanouissement personnel. Les élèves sont répartis dans quatre maisons différentes : Bridge, Ferry, Lonsdale et Thames. Chaque élève est affecté à une maison dès son entrée dans l'établissement... Je vous l'avais dit que vous aviez déjà vu cela quelque part ! A la fin de l'année, une coupe est décernée pour récompenser la meilleure maison… Vous avez tous fait le rapprochement ? Harrodian School ressemble en de nombreux points à Poudlard, l'école d'Harry Potter. Comme dans son ancienne école, Robert y est très apprécié et son visage angélique lui donne une certaine aisance dans tout ce qu'il entreprend. Populaire, il l'est, mais il ne s'en sert pas pour obtenir ce qu'il veut. Malgré tout, ses résultats scolaires sont loin d'égaler les ambitions de ses parents. Robert n'a pas changé et ne fait pratiquement jamais ses devoirs. Il s'inscrit dans le cours de théâtre de l'école où il se sent immédiatement à l'aise. Son talent de comédien est inné et il dépasse largement celui des autres élèves de la troupe. Robert se rend alors à l'évidence : les études ne sont pas faites pour lui. Même si pendant un certain temps, il a été attiré par le monde de la politique : «… La politique me branchait vraiment… Je voulais faire une carrière dans cette voie, c'était mon objectif. Mais alors que j'allais entrer à l'université, je me suis dit : « En fait, je n'ai pas le courage de me lancer dans quoi que ce soit. Je ne veux plus avoir de devoirs à faire ! ». Malgré tout, Robert ne peut se résoudre à abandonner les études. Il sait bien qu'aujourd'hui, il faut un minimum de diplômes pour réussir. Il décide donc de poursuivre sa scolarité. Malheureusement pour lui, son père n'est pas de cet avis. Richard Pattinson, en a assez de payer les études de son fils qu'il considère comme brillant mais fainéant. A partir de ce jour, Monsieur Pattinson refuse de financer les études de son petit dernier... Enfin pas exactement. Désormais, c'est Robert qui va prendre en charge leurs coûts. S'il obtient de bons résultats et un diplôme, son père le remboursera. Un moyen efficace de le motiver et de le sensibiliser à la valeur de l'argent. D'accord avec ce principe, Robert paye ses dernières années d'école avec les cachets qu'il avait touché quand il était mannequin et livreur de journaux. La famille Pattinson n'est pas dans le besoin mais les parents ont toujours inculqué à leurs enfants la valeur des choses. Gagner de l'argent n'est pas si facile, et il faut que Victoria, Lizzy et Robert en aient conscience. Grâce aux relations de sa mère, Rob profite de son physique avantageux pour gagner un peu d'argent en tant que mannequin. "J'étais mannequin à douze ans, le plus jeune de toute l'agence ! J'étais d'une maigreur ridicule, à tel point que je ressemblais à une fille, mais c'était l'époque où le look androgyne faisait fureur". Rob se fait donc de l'argent en posant pour des lignes de vêtements comme Hackett et se fait photographier dans des magazines de presse jeune. Du fait de son extrême finesse, il est également embauché comme mannequin des mains. Malheureusement, malgré toute sa bonne volonté, Robert ne parvient pas à respecter l'accord qu'il avait conclu avec son père. Même s'il est déçu,

Monsieur Pattinson ne le laisse pas tomber et décide de financer la fin de ses études. Cette discussion a lieu dans un restaurant où les deux hommes sont venus déjeuner. Alors attablés et en grande discussion, quelques jolies filles débarquent dans la salle : « Mon père a vu un groupe de jolies filles et quand il leur a demandé d'où elles venaient, elles ont répondu qu'elles faisaient partie d'une troupe de théâtre. Alors mon père m'a dit : voilà ce qu'il faut que tu fasses, fiston ! Les filles venaient de la Barnes Theatre Company. Mon père n'a pas arrêté de me harceler pour que j'y aille. »

Robert a quinze ans et il vient de s'inscrire dans la troupe Barnes Theatre Company. Là, plus rien à voir avec les cours de théâtre de ses anciennes écoles. La Barnes Theatre Company est une école très réputée en Angleterre depuis de nombreuses années. Les premiers temps, Rob se trouve derrière le rideau rouge, dans l'ombre des comédiens. S'il commence comme technicien, il apprend de nombreuses choses en regardant les acteurs évoluer sur scène et répéter dans les coulisses. Et pour cause, Rob a des talents d'acteur incommensurables. Mais à seize ans, il se cherche encore, ne sachant pas vraiment ce qu'il veut être. Son inspiration première a toujours été : "Je voulais jouer du piano dans un bar. Incarner le vieux type débraillé avec son verre

de whisky." Mais le don de la comédie coule dans ses veines et Robert décide de se lancer.

Les premières armes

Robert auditionne pour une pièce intitulée Guys and Dolls, une comédie musicale à succès qui fait l'objet de nombreux remakes. Il obtient un tout petit rôle, celui de Nathan Detroit, un danseur cubain (étrange, lui qui raconte qu'il ne sait pas danser, lui qui a un teint pâle d'Anglais et qui est loin de ressemble à un Cubain...). A cette époque, Rob est repéré par un agent qui va lui ouvrir de nombreuses portes. Les directeurs de la troupe prennent conscience de l'énorme potentiel du jeune homme et vont lui donner sa chance. Il obtient le rôle principal dans la pièce de Thornton Wilder, Our Town, où il interprète le rôle de George Gibbs. L'action se déroule en trois actes. Dans le premier, on découvre George Gibbs ado en train de tomber amoureux d'Emily. Le second acte se passe le jour de leur mariage et le troisième, le jour des funérailles d'Emily. Le rôle interprété par Rob est délicat à tous les niveaux. Le troisième acte est chargé en émotion. Rob doit interpréter un homme meurtri qui vient de perdre l'amour de sa vie. Un rôle difficile applaudi par la critique locale. Robert continue sa prometteuse carrière de jeune premier dans Anything Goes, une autre production mise en scène par la troupe. Avec le Old Sorting Office Arts Centre, un groupe de théâtre de sa ville, Robert décroche le rôle de Malcolm dans MacBeth. Il est également engagé pour jouer dans Tess of the D'Ubervilles. Le point important dans ce rôle est que le personnage meurt. Pour la première fois de sa carrière, Robert doit jouer la mort. Un rôle qui lui servira quelques années plus tard... Vous m'avez tous compris.

Quelques mois passent et son agent l'appelle pour lui annoncer qu'il vient de décrocher un rôle dans le téléfilm Ring of the Nibelungs. Nous sommes en 2004 et la carrière de Robert va bientôt décoller. Mais avant, il y a le tournage du téléfilm en Afrique du Sud. Robert n'a alors que dix-sept ans lorsqu'il s'envole pour Cape Town où il doit se gérer seul. Sur place, le décor n'est plus du tout le même qu'au Barnes Theatre Company. Ici, il s'agit d'un film, et Rob va devoir apprendre à jouer avec des effets spéciaux. Une véritable nouveauté pour ce garçon qui n'a jusque-là foulé que les planches de Barnes. Toujours en 2004, Rob est sélectionné pour faire partie de la distribution d'un magnifique long-métrage, Vanity Fair. Fille d'un artiste peintre anglais sans le sou et d'une chanteuse de cabaret française, Becky Sharp rêve d'un avenir plus faste que ses origines le lui permettent. Jeune orpheline, Becky quitte le pensionnat de Miss Pinkerton, résolue à se hisser au sommet de la société par tous les moyens possibles. Elle va déployer toute son intelligence et son pouvoir de séduction pour progresser au sein de la haute société britannique du début du XIXe siècle. Rob interprète le rôle du fils de Becky. Malheureusement, à notre grand désespoir, ses scènes sont coupées au montage. La façon de jouer de Rob n'a rien à voir dans ces coupures. Le réalisateur a simplement décidé que ces scènes n'avaient pas d'intérêt majeur pour l'intrigue du film. Procurez-vous le dvd du film avec les bonus, vous y trouverez les scènes de Rob qui ont été coupées. Mais la participation à ce film n'a pas été infructueuse. Rob a pu montrer tout son savoir-faire à de nombreux professionnels d'Hollywood. Quelque temps plus tard, Robert obtient un rôle dans L'anneau Sacré. (C'est d'ailleurs avec ces deux cachets qu'il finance la fin de ses études).

Le directeur de casting de Vanity Fair, impressionné par ses talents de comédien, trouve regrettable qu'il ait été coupé au montage. Il décide alors de le présenter à l'un de ses amis : Mike Newell. Le troisième volet de la saga Harry Potter n'est pas encore sorti au cinéma que la production du quatrième est déjà en route. Hormis les acteurs récurrents, pas un comédien n'a encore auditionné pour les nouveaux personnages. Rob se voit offrir la toute première audition pour le rôle de Cédric Diggory.

SOCIALIT

Cédric Diggory

Si comme tout le monde, Robert a beaucoup entendu parler du phénomène Harry Potter, ce n'est pas pour autant qu'il a lu un ouvrage de la saga. Alors, avant de passer une première et exclusive audition pour le rôle de Cédric Diggory dans Harry Potter et la Coupe de Feu, il achète le livre et le dévore. Malgré son jeune âge, Robert est un véritable pro. Pour passer son audition, il veut s'inspirer pleinement du personnage créé par J.K Rowling. Rob n'est pas du style à arriver aux castings les mains dans les poches sachant que sa belle gueule fera le reste. Loin de là. Il ne s'est jamais servi de son physique pour obtenir un rôle. Il rencontre donc Mike Newell juste avant de partir pour son tournage en Afrique du Sud. Il passe son casting mais pense avoir surjoué et se dit qu'on ne le rappellera pas. Trois mois passent et lors de son retour en Angleterre, il reçoit un coup de téléphone de son agent. Mike Newell veut le rencontrer à nouveau. Robert se rend directement aux studios de la production. Mike est fier de lui annoncer qu'il vient d'être sélectionné pour jouer dans le nouveau volet de la saga Harry Potter. Rob est aux anges : “C'est un tournant dans ma carrière et un moment important dans ma vie”. Eh oui, jouer dans une super production telle que Harry Potter n'est pas donné à tout le monde et une telle opportunité permet de lancer la carrière de n'importe qui. Revenons au personnage. Rob doit interpréter Cédric Diggory, un garçon plus âgé qu'Harry Potter. Le jeune Diggory, qui fait partie de la maison de Poufsouffle, est un très beau garçon à qui toutes les filles voudraient être fiancées (même Hermione Granger) et à qui tous les garçons souhaiteraient ressembler. C'est un sorcier talentueux qui a tout pour lui, et qui ne se sert pas de son physique ou de sa notoriété pour arriver à ses fins (on retrouve ici des traits communs avec Rob). Cédric est aussi un champion qui va représenter Poudlard pour gagner la coupe de feu, ce qui prouve que c'est un garçon combatif. Un personnage tout en nuance. Une nuance difficile à jouer pour un jeune acteur. Mais cela n'a pas été le plus difficile pour Rob.... Nous y reviendrons plus tard. Si des similitudes existent entre Rob et Cédric, il n'en reste pas moins certaines différences. Cédric est un leader, un garçon adulé de tous et sa popularité ne connaît pas de limite. Plus jeune, Rob était loin d'être comme lui. Beau garçon, il était plutôt au-dessus de toutes ces histoires, préférant vivre sa vie au fil de ses rêves. Plutôt réservé, il ne faisait pas partie des clans qui se créaient. Il était apprécié, mais cela s'arrêtait là. Alors, oui, Rob et Cédric ont des points communs mais ils ne sont pas identiques. Robert a beaucoup appris de cette aventure...

Fraichement débarqué dans le monde du cinéma, Robert devient l'un des personnages clés du quatrième volume des aventures du jeune Harry Potter. Mais la tâche n'est pas facile. En effet, pas simple pour un si jeune acteur de s'intégrer dans une troupe qui se connaît depuis maintenant de longs mois. Heureusement, il n'est pas le seul à entrer dans le monde magique d'Harry Potter. Il en est de même pour Katie Leung (Cho) et Stanislav Lanevski (Krum). Et puis il faut avouer que les principaux acteurs (Daniel Radcliffe, Hemma Watson, Rupert Grint...) sont des jeunes gens très sympathiques qui savent les mettre à l'aise. Deux semaines avant le tournage, tous les acteurs se retrouvent pour suivre des cours de comédie. Pendant plusieurs jours, ils s'entraînent, font de l'improvisation, des exercices physiques... Le but recherché est de créer un lien entre eux.

Rob est souvent en duo avec Rupert (Ron) avec qui il s'entend à merveille. La première scène qu'il doit interpréter est celle du labyrinthe : "Pour le tournage de ma première scène, celle du labyrinthe, il y avait environ cent cinquante personnes sur le plateau, plus Dan, le producteur et moi. Par la suite, il y en avait deux mille ! Je suis vraiment content d'avoir débuté dans un environnement plus tranquille et d'avoir pris mes marques progressivement." Mais

tout va se compliquer lorsqu'arriveront les scènes qui se déroulent dans l'eau. Ce sont des scènes extrêmement physiques qui demandent un entraînement sportif de premier ordre. Et de ce côté là, notre Robert est... loin d'être au top niveau ! Eh non, mesdemoiselles, Robert n'est pas l'athlète qu'il semble être. "Je n'avais pas fait de sport depuis six mois, donc je n'étais pas en très grande forme. Je me souviens qu'un jour où j'essayais une combinaison de plongée, le costumier m'a dit : Tu n'étais pas censé être mince et musclé ? Là on dirait une espèce de poète efféminé... Le lendemain, j'ai reçu un coup de fil de l'assistant réalisateur au sujet d'un programme d'entraînement personnel." Un programme en deux temps. Dans un premier temps, le but recherché est de donner un corps d'athlète et de l'endurance à notre héros. Et dans un second temps, pouvoir le faire jouer sous l'eau. Car, comme vous l'avez tous vu, les scènes de la seconde épreuve se déroulent dans un lac. Rob a dû apprendre à respirer avec un masque et gérer la pression de l'eau. Un exercice pas facile quand on n'est pas très sportif. Alors, pendant trois semaines, on lui donne des leçons afin qu'il se sente comme un poisson dans l'eau. Une fois l'entraînement terminé, Rob passe à la pratique. Et là encore, rien n'est facile. Car Cédric est un champion et il doit avoir l'air d'un héros en toutes circonstances. Mais la réalité est tout autre. "Nous devions tourner cette scène en ayant l'air de héros plongeant dans le lac. Ils voulaient ne faire qu'une seule prise, ce que nous avons essayé. Mais aucun de nous réussissait à plonger droit. Nous avions tous l'air très stupide." Imaginez la tête du réalisateur s'arrachant les cheveux et se disant que cela va prendre beaucoup plus de temps que prévu. En tout et pour tout, les scènes du lac on demandé deux mois de tournage pour quinze minutes à l'écran. Après les scènes du bal où notre Robert a eu du mal à se mettre dans l'ambiance, Rob tourne LA scène majeure du film, sa rencontre avec Voldemort et la scène de sa mort. Au-delà d'être une scène dramatique, elle est à ce jour le point le plus noir et le plus dur de toute la saga Harry Potter. Harry sait pertinemment que son ennemi juré Voldemort est un assassin, mais il n'a jamais vu la mort d'aussi près. Une expérience très difficile à tourner pour le jeune acteur qu'est Robert. Il raconte : « Je ne suis pas réellement mort en « direct », même je suis déjà mort plusieurs fois dans d'autres rôles. C'est un sentiment étrange et relaxant à la fois. Vous vous sentez un peu comme un thérapeute, car tout le monde vous raconte ses griefs et vous faites semblant de les écouter. C'est comme faire sauter la pression après quelques semaines tendues. J'aime cette sensation. » Sur le plateau, tout le monde applaudit le professionnalisme du jeune acteur. Après plus de onze mois passés à se lever tous les matins à 6h30, le tournage prend fin. Ce sont désormais les équipes de montage et d'effets spéciaux qui prennent le relais afin de donner vie au film. Lors de sa sortie dans les salles obscures, la critique est unanime, le film est un chef-d'œuvre et l'interprétation de Robert magistrale. Les plus grands médias anglais s'emparent du phénomène Pattinson et ses interviews se font de plus en plus nombreuses. Rob est comparé à Jude Law. Une nouvelle star est née. Si la critique l'encense, ce n'est rien comparé aux fans qui l'élèvent au rang de demi-dieu. Rob, le garçon sans histoires, le jeune acteur promis à une belle carrière, est en tête d'affiche du volet le plus important de le saga Potter. Extrêmement sollicité par les journalistes, il fait la couverture de nombreux magazines...

Le jeune ado qui se promenait tranquillement dans la rue est aujourd'hui une star qui doit mettre des lunettes noires pour se promener. Sa carrière prend un nouvel envol. A moins que...

Not a super star

Comme vous avez pu vous en apercevoir au fil de ces quelques pages, Robert

n'est pas un garçon comme les autres. Sorti fraîchement de son succès potterien, considéré comme la nouvelle star montante du cinéma anglais, plébiscité par tous les médias, sa vie est un véritable conte de fées. C'est vrai, qui n'a jamais rêvé d'être à sa place ? Beau garçon, très bon acteur, adulé par tous, gagnant beaucoup d'argent, demandé par les plus grands cinéastes… On peut difficilement faire mieux. Mais Rob ne l'entend pas de cette oreille. Souvenez-vous de ce que je vous disais plus haut. Enfant et adolescent, Rob, déjà doté d'un physique très avantageux, n'avait que faire du regard des autres. Tout le monde voyait en lui un leader né, un gars qui grâce à sa belle gueule et son charisme allait tout emporter sur son passage. Mais Robert n'est pas de cette veine là. C'est un garçon ultra-sensible qui se laisse guider par ses rêves et ses envies. L'argent, la notoriété, la gloire, le triomphe, aucune de ces sirènes ne l'attirent. Il l'a toujours clamé haut et fort, son rêve n'a jamais été d'être une super star mais simplement un mec cool qui fait un peu de musique et se laisse porter au gré de ses rencontres. Le tout Hollywood avec ses stars et ses paillettes, très peu pour lui. Et alors qu'on lui offre des centaines de milliers de dollars pour jouer dans des super productions, il refuse tout projet. Son métier, il ne l'entend pas de cette façon. Financièrement, il est à l'abri du besoin pendant un long moment grâce à ses royalties gagnées avec Harry Potter. Peu gourmand, ses rares dépenses sont des tournées qu'il paye à ses potes quand il sort dans des pubs. Loin d'être un flambeur, Robert a appris très jeune la valeur de l'argent, et il sait qu'il n'est pas facile à gagner. C'est certainement un rêveur mais pas un pantin. Il ne se laisse pas dicter ses choix de carrière qu'il gère comme il l'entend. Suite au succès d'Harry Potter, tout le monde l'attend sur les plateaux de tournage du tout Hollywood. Mais pas de chance… Rob décide de s'inscrire dans une démarche plus épanouissante et plus enrichissante. Pendant une année, il profite de la vie, savoure l'existence, fait de la musique, sort avec ses amis, réfléchit, pense à son devenir…

« On a passé un an à faire la fête tous les soirs. L'appart était tellement bien ! Il fallait traverser une cuisine de restaurant pour pouvoir monter sur le toit et aller se balader. Pendant un an, je n'ai rien fait à part rester assis sur le toit à jouer de la musique. Je ne me suis jamais autant amusé. » S'amuser et profiter est une chose très saine pour le corps et l'esprit. Mais il ne faut pas aller trop loin et Robert va en faire les frais à deux reprises en se faisant virer successivement de deux pièces de théâtre pour lesquelles il avait le premier rôle. Dans La Femme d'Avant, il se fait renvoyer dès les premières représentations : « J'avais une idée fixe : jouer les excentriques et faire ma pub grâce à ça. Mais évidemment, j'ai fini par me faire virer. » A ce moment-là, Robert comprend qu'on attend bien plus de lui que ce qu'il a pu donner jusque-là. Sa performance dans une super production en a fait un acteur professionnel et plus aucun dérapage ne lui est permis. Aujourd'hui, quand on fait appel à lui dans une pièce ou dans un film, c'est pour y donner une valeur ajoutée. Le nom Pattinson est un atout, alors Robert doit être au top niveau. Après ces déboires et ces quelques mois de passivité, notre héros se remet profondément en question. Etre un acteur, n'est pas une chose que l'on exerce à la légère. Etre acteur c'est un vrai métier, pas un passe-temps. « J'ai joué dans une pièce de théâtre dans le quartier de West End, mais on m'a viré. J'ai alors réalisé que je devais revoir certains fondamentaux. Comme apprendre à jouer, par exemple. » Effectivement...

Robert continue à trier sur le volet tout ce qu'on lui propose. En 2006, on le voit à l'écran dans The Haunted Airman. Il y incarne un pilote paralysé au combat pendant la seconde guerre mondiale. « Je joue le rôle d'un pilote de la seconde guerre mondiale qui est paralysé après avoir reçu une balle. Il souffre de terribles traumatismes et perd pratiquement la tête. C'est un rôle fantastique. Je suis resté en fauteuil roulant pendant toute la durée du tournage, et j'enchaînais les cigarettes d'une scène à l'autre. » Si l'interprétation de Robert est particulièrement poignante et réussie, le film passe totalement inaperçu. Les fans de Robert ne l'attendent pas dans ce genre là. Notre jeune vedette continue, malgré tout, sa « quête initiatique » et s'inscrit dans des rôles de plus en plus sombres... En 2007, on le voit dans une production encore plus intimiste : The Bad Mother's Handbook. Il enchaîne ensuite les films indépendants comme The summer House puis se retrouve dans How to be. La production de ce long-métrage a très peu de moyens et gagner de l'argent n'est pas son but. L'équipe se concentre exclusivement sur le comportement des personnages ; les acteurs sur leur façon de jouer et d'interpréter au mieux leur rôle. C'est ce qui plaît à Robert. L'intrigue : Art (Robert), récemment plaqué par sa petite amie, se sent complètement perdu. Il engage un gourou spécialisé dans le développement personnel pour l'aider à reprendre sa vie en main. Un thème qui plaît beaucoup à Robert qui se cherche lui aussi. A la sortie du film dans des festivals de cinéma indépendant, la critique est bonne, voire très bonne. Tout le monde reconnaît le fort potentiel de Robert qui se sent de plus en plus loin de l'industrie du cinéma-fric : « La plupart des films réalisés aujourd'hui sont faits pour faire du chiffre avant même que le tournage ait commencé. Préjuger du succès d'un film est pourtant impossible. Imaginer que parce que le public a payé pour le voir il va l'aimer, c'est complètement utopique. Pourtant, c'est toujours le même schéma et personne ne cherche à en sortir. Alors, je me suis dit : « C'est suffisamment merdique comme ça, je ne vais pas en rajouter. Autant m'opposer et ne pas prendre part à ça. »

En 2008, Robert Pattinson achève le tournage de Little Ashes qui devrait sortir prochainement sur nos écrans. Ce long-métrage, écrit par Philippa Goslett et réalisé par Paul Morrison, retrace la jeunesse du peintre Salvador Dali et de ses rapports avec le poète Federico Garcia Lorca. Avec Luis Bunuel, Dali et Garcia Lorca ne tardent pas à former un trio avant-gardiste dans la capitale espagnole catholique et conservatrice. Robert Pattinson interprète le génial et créatif Salvador Dali. Dans ce rôle, Robert nous montre toute l'étendue de son talent. Avec son sex appeal et sa sensibilité, il incarne à merveille le talentueux peintre espagnol. Pour ce rôle, Robert s'est donné à 200%. Il a lu tout ce qu'il a pu trouver sur la vie du peintre. Il faut dire qu'interpréter un personnage tel que Salvador Dali, un artiste en contradiction avec lui-même, un homme en souffrance, un être incompris et qui ne se comprenait pas lui-même est un honneur. Pour interpréter ce rôle, Robert s'inscrit dans une démarche complète. Il lui faut des mois entiers de travail pour essayer de comprendre ce personnage si complexe. Un autre point délicat du film est l'approche de la sexualité de l'artiste. Lui qui se définissait comme hétéro a eu une aventure homosexuelle avec son ami Frederico Garcia Loca. Robert est donc obligé de jouer dans une scène d'amour gay ! Je vous laisse imaginer toutes les rumeurs. Malgré le fait que Little Ashes ait été tourné avant Twilight, il n'est pour l'instant diffusé que dans les festivals. Cette expérience cinématographie a été très enrichissante pour Robert et très utile pour ses rôles ultérieurs. « C'était la première fois que j'interprétais un personnage vraiment obsédé par quelque chose, ce qui m'a aidé à transmettre les émotions justes dans Twilight. »

Ce tournage a été salutaire pour notre acteur qui menaçait de tout plaquer ! Il renoue ici avec les bienfaits du cinéma pour notre plus grand bonheur.

2005, Stephenie Meyer devient une auteure à succès avec la sortie de Twilight : Fascination, un best-seller dans de nombreux pays à travers le monde. Peu de temps après ce succès en librairie, Stephenie Meyer signe un contrat avec la Paramount pour une adaptation cinématographie. Après plusieurs mois de travail, les scénaristes lui proposent une version. Contre toute attente, elle... la refuse ! Pourquoi ? Tout simplement parce que le script écrit par les équipes de la Paramount est très loin de son livre. Pour ne pas décevoir les fans qui attendent beaucoup de l'adaptation cinématographique, Stephenie laisse l'option de la Paramount expirer d'elle-même. Après un certain temps, c'est Eric Feig, directeur de Summit Entertainment qui lui propose de porter son œuvre à l'écran. Dans le contrat, Stephenie a toute liberté d'action et son livre sera respecté scrupuleusement. La version de la Paramount l'ayant refroidie, elle décide maintenant d'imposer ses conditions. Des points non négociables, comme des vampires à dents longues, sont spécifiés dans le contrat. En juillet 2007, Stephenie annonce à ses fans du monde entier que la réalisation du film Twilight va commencer. Il n'a pas fallu plus de cinq minutes pour que les forums posent cette question cruciale : « Qui va interpréter le rôle d'Edward Cullen ? » A l'épo-

que du premier contrat avec la Paramount le nom d'Henry Cavill, un acteur anglais qui ressemble à Russel Crow, avait été annoncé. Mais il est très vite écarté car il est trop âgé. Le casting est alors lancé et la production reçoit plus de cinq mille CV. Tous les acteurs, ou presque, ont une chance de passer une audition. Un travail de titan comme l'explique Catherine Hardwicke, la réalisatrice, qui a accordé beaucoup d'importance au choix de l'acteur : « Cela a été une épreuve titanesque de trouver Edward. Peu d'acteurs peuvent prétendre rivaliser avec l'image du personnage du livre : peau diaphane et beauté immatérielle. La plupart des acteurs qui ont essayé d'incarner Edward Cullen étaient séduisants mais trop typés américains. Robert était différent, il possédait tout ce que nous recherchions, sans oublier les traits angulaires et cette aura mystérieuse qui émane d'Edward. » Alors, comment Robert a-t-il été sélectionné ? Il faut que vous le sachiez, Robert a failli ne pas passer l'audition. A cette époque, il est dans une phase existentielle et se pose de nombreuses questions sur son devenir en tant qu'acteur. Quand son agent lui propose de passer le casting, il fait une première lecture du script et pense que ce rôle n'est pas fait pour lui. Celui d'un vampire qui tombe amoureux d'une mortelle... En plus, ce vampire est parfait alors que Rob veut cultiver sa différence. Il se lance malgré tout dans une seconde lecture plus approfondie et décrypte mieux le personnage d'Edward Cullen. Pourquoi a-t-il changé d'avis ? Au cours de cette deuxième lecture, le personnage d'Edward lui apparait sous un angle différent. Edward est un marginal. Complètement décalé, il est loin de la société actuelle et de tous ses apparats. Tout comme lui. Robert décide donc de se lancer. Mais il a encore des doutes et a du mal à cerner le personnage à 100%. Alors, sur invitation de Catherine Hardwicke, il se rend à son domicile pour passer l'audition. Sur place, une jeune fille du nom de Kristen Stewart vient d'être sélectionnée pour jouer le rôle de Bella. Pour son audition, Robert doit lui donner la réplique. Ils doivent interpréter deux scènes dont une dans un lit. Dès que la réalisatrice crie le mot « action », le magnétisme de Robert entre en jeu. Il « électrise » la pièce. Même la réalisatrice reste un moment scotchée à son siège : « La scène était électrique, la pièce s'est agrandie, le ciel s'est ouvert, et j'ai senti que cela allait être très bon. » L'alchimie qui s'est opérée entre les deux acteurs convainc la réalisatrice qui présente Rob à Stephenie Meyer. Tombée, elle aussi, sous le charme de Rob, elle le valide dans le rôle d'Edward. 11 décembre 2007, l'annonce du choix de l'acteur se fait officiellement. Immédiatement... c'est un raz-de-marée de... contestations de la part des fans de Stephenie Meyer. Pas facile de trouver le visage idéal à mettre sur un personnage littéraire. Chacun à sa

propre idée sur ce que devrait être Edward Cullen. Les fans s'étaient même permis de proposer quelques noms d'acteurs. L'un de ceux qui revenaient le plus souvent était Tom Welling. C'est vrai qu'il est beau et élégant, mais il ne fait pas vraiment peur. Même sous la pression des fans, Stephenie Meyer tient bon et défend son protégé bec et ongles.

Sur le tournage

Ce n'est un secret pour personne, quand Robert se met dans la peau d'un personnage, c'est entièrement. Edward lui paraissant très énigmatique, il a besoin de se concentrer afin de mieux le cerner. Alors, comment s'est-il préparé ? Sa préparation pour le rôle a été sujet à controverse. Deux mois avant toute l'équipe du film, Rob part pour l'Oregon, l'Etat où doit se dérouler le tournage. A cette époque de l'année, l'Oregon est en proie à une météo souvent maussade et capricieuse. Robert quitte Washington afin de se concentrer et de s'imprégner du personnage. Seul. Le but recherché est de comprendre la souffrance de son personnage. Pendant huit semaines, complètement isolé, il écrit jour après jour ce que sa solitude lui inspire et se penche sur les déchirures qui semblent ronger Edward. Edward, le beau gosse que toutes les filles rêvent de conquérir, l'être qui semble si parfait alors que dans son for intérieur il se déteste. Comment trouver le juste équilibre entre les deux facettes du personnage ? Comment jongler entre le fait d'être un vampire et son amour pour Bella. Comment retranscrire fidèlement cette passion interdite ? Ce rôle est un véritable challenge pour Rob. Avant toute chose, il ne veut pas que le film soit un soap pour adolescentes puériles qui viendraient le voir uniquement pour ses beaux yeux. Pendant cette période avant tournage, Robert reste perplexe car certains points du personnage lui échappent encore. Alors, pour parfaire sa connaissance, Stephenie vole à son secours. Elle lui apporte un manuscrit inédit et inachevé que personne n'a jamais lu. Intitulé Midnight Sun, il relate les événements de Twilight du point de vue d'Edward. Une véritable mine d'or et de révélations pour notre jeune acteur qui perçoit mieux la puissance et la fragilité de son personnage. Pour se mettre dans la peau du vampire, Robert continue de s'enfermer sur lui-même, à tel point que les rares personnes qui l'approchent durant cette période ont en face d'elles un homme ronchon et maniaque. Tout comme Edward, Rob est un personnage entier. S'il ne ressent pas les choses à 100%, il ne se lance pas. Alors, à quelques semaines du tournage, Rob et Stephenie font un point sur le travail préparatoire. Et la réunion est pour le moins... houleuse, comme le dit Stéphenie : « Avec Rob, nous avons pris un bon moment pour parler du personnage d'Edward avant le début du tournage. Ce n'était pas une dispute, mais nous n'étions pas d'accord sur le personnage et avions chacun une vision différente. Finalement, quand il l'a interprété, il a fait ce qu'il a voulu. Il s'est trouvé que c'était exactement ce que je voulais. » Rob se met à faire du sport de façon intensive et se sculpte un corps digne d'un bodybuilder. Mais ce n'est pas du goût de l'équipe de production et de Stéphenie, qui ne voient pas Edward de cette façon. Alors, avant le tournage des premières scènes, Rob arrête le sport et se goinfre de hamburgers.

Le plus captivant dans ce film est l'histoire d'amour quasi impossible entre Edward et Bella. Un exercice difficile à jouer pour les deux jeunes acteurs. Effectivement, comment interpréter cette jeune fille, folle amoureuse d'un vampire, alors qu'ils ne peuvent se toucher. Comment interpréter ce vampire de cent huit ans qui en paraît dix-sept et qui ne supporte plus sa condition ? Comment interpréter ce vampire qui tombe sous le charme et le mystère de cette mortelle qu'il ne peut toucher ? Un véritable challenge pour Kristen et Rob. Au-delà du fait que ce sont deux excellents acteurs, l'alchimie présente entre

eux deux donne naissance à des scènes électriques. Sur le tournage, d'autres scènes comme celle du base-ball sont plus difficiles à tourner. Rob, qui n'est pas un grand sportif, ne connaît pas ce sport. Alors, quand on le voit en grand joueur de base-ball, on ne peut que sourire… Même lui en rit encore. Finalement, pourquoi Robert a-t-il accepté ce rôle à 100.000 lieues de ce qu'il a pu interpréter dans le passé ? Eh bien tout simplement parce qu'il a outrepassé la simple lecture du manuscrit et a cherché à comprendre toute la souffrance du personnage. Edward est le héros de l'histoire qui refuse catégoriquement d'être vu comme tel. Et c'est en cela que Rob et lui se ressemblent. Depuis son plus jeune âge, Rob a toujours été vu comme une idole mais a toujours réfuté cette image, et encore plus aujourd'hui.

Le succès et la gloire

Initialement prévu le 12 décembre 2008, c'est finalement le 21 novembre 2008 que le film débarque dans les salles obscures. Des centaines de milliers de fans se pressent dans les files d'attentes des cinémas pour découvrir ce chef-d'œuvre du 7ème art. Rien que le premier jour d'exploitation, Twilight récolte 35,7 millions d'euros. De quoi couvrir une grande partie des coûts de production. La critique est mitigée, mais le public, lui, ne se trompe pas. Aux Etats-Unis, le film est un succès et le phénomène Twilight n'est pas prêt de s'arrêter. Concernant Robert, les fans, sceptiques au premier abord, sont tous tombés sous son charme et son charisme. Il a complètement transcendé le personnage, et son interprétation colle parfaitement avec ce que de nombreux fans imaginaient. Dès lors, la critique et les médias, qui semblaient l'avoir oublié depuis son rôle dans Harry Potter, se déchaînent. Adulé, il est présent partout et est comparé à Leonardo di Caprio ou à Jude Law. La machine infernale des medias est en route et son visage est sur toutes les couvertures de magazines. Tout le monde s'empare du phénomène, faisant de Robert un demi-dieu. Il reçoit plus de cinquante scripts par mois et on lui fait des ponts d'or pour l'avoir en tête d'affiche. Pour le second volet de la saga, des rumeurs disent que les tractations de son cachet seraient autour de douze millions de dollars. Le succès est lancé et plus rien ne pourra l'arrêter. Mais encore une fois, Rob se demande s'il est bien à sa place et ne comprend toujours pas pourquoi les fans sont aussi fascinés par Edward Cullen... ou Robert Pattinson... Pas facile à dire. Le second volet de la saga sort le 18 novembre 2009. Au-delà de tout cela, Robert aimerait se lancer dans la musique et faire un album. Une nouvelle corde à son arc. La suite de l'histoire, c'est à vous de l'écrire, fans de Robert, vous devez être présents pour lui et lui montrer qu'il est le meilleur et doit le rester.

GOSSIP NEWS

. Quelques personnes mal intentionnées font courir le bruit que Robert ne serait pas un roi de l'hygiène. Il l'avoue lui-même : « Je me moque de savoir si mes cheveux sont propres ou sales. Alors pourquoi les laver ? »

. Depuis son enfance, Robert aime les héros et rêve d'en interpréter un. Il se verrait très bien dans la peau de Zorro.

. Robert a collaboré à la bande originale de Twilight pour les chansons Let Me Sign et Never Think.

. Comme il l'a récemment confessé, Robert a pris un peu de poids ces derniers mois. Un petit régime et du sport lui ferait perdre ces quelques kilos en trop.

. Lors d'un gala de l'AmfaR (association de lutte contre le sida) donné lors du festival de Cannes 2009, Robert a récolté 20 000 dollars en vendant aux enchères un dîner en tête-à-tête avec lui. En prime, un petit bisou.

. Robert est très ami avec Emma Watson avec qui il a tourné dans le volet Harry Potter et la Coupe de Feu. Il la trouve brillante, intéressante et très intelligente. Toujours selon Robert, son rôle d'Hermione lui allait à merveille. Lors du tournage, Robert était même impressionné par sa vivacité d'esprit.

. Les meilleurs moments du tournage de Twilight ? Les assiettes qu'on lui préparait pour le déjeuner et qui contenaient tout ce qu'il aime et les restaurants le soir.

. La marque de fabrique de Robert ? Sa décontraction. Dans la vie privée comme lors des interviews ou sur les plateaux de tournage, il est toujours cool.

. Avant d'être célèbre, Robert se produisait souvent sur des petites scènes pour faire de la musique. Maintenant qu'il est connu, c'est mission impossible.

. Ses fans lui demandent souvent de les mordre dans le cou.

. Aux Etats-Unis, les héros de Twilight ont leur effigie en chocolat. C'est la marque SkyBar qui les distribue pour 79 cents chacun.

. Le DVD Twilight Fascination se serait vendu à 300 000 exemplaires en quatre jours.

. La production de Twilight avait fait marquer « Edward Cullen » au dos de son fauteuil. Robert a collé dessus un bout de tissu sur lequel il avait écrit son vrai nom.

. Robert place son argent dans l'art. Il a récemment acheté plusieurs toiles de son amie Nina Schubert, un ancien mannequin reconverti dans la peinture.

. Ce que Robert a adoré lors du tournage de Twilight : Kristen Stewart et faire des choses de vampire. Il a par contre détesté le temps pluvieux.

. Une convention Twilight a eu lieu en novembre 2009 au Grand Rex à Paris.

. Sur le tournage de Remember Me, l'équipe de sécurité avait interdit à quiconque de parler à la presse. Aucune indiscrétion concernant le tournage ne devait filtrer.

. Robert parle un peu le français.

. Le livre préféré de Robert Pattinson de la série Twilight est New Moon (Tentation).

. La presse parle de Robert Pattinson comme étant le nouveau Jude Law.

. Robert s'est fait expulsé deux fois de son école.

. Pour le casting d'Harry Potter, Robert a lu le livre Harry Potter et la Coupe de feu en deux jours.

. Lorsqu'il était petit, Robert était surnommé Patty. Aujourd'hui, c'est son chien qui s'appelle ainsi.

. Il y a quelques semaines une rumeur complètement folle a circulé disant que Robert et Kristen Stewart attendraient un enfant.

. Le film Twilight a généré 189 millions de dollars aux Etats-Unis et 174 millions dans le reste du monde.

. Lors du tournage de Remember me, Robert a été percuté par un taxi alors qu'il tentait d'échapper aux paparazzis et aux fans en délire. Il y a eu plus de peur que de mal !

. La firme Mattel a mis en vente des poupées mannequins à

l'effigie des héros de Twilight.

. Robert a fait sa première apparition à la télé l'année de ses dix-huit ans. C'était pour le téléfilm L'anneau sacré.

. Pour le casting d'Edward Cullen dans Twilight, Robert était en concurrence avec trois mille autres acteurs.

. Aux Etats-Unis, on vend dans le métro des sandwichs Twilight avec une sauce marinara qui a l'aspect du sang.

. Forks, la ville où s'est déroulé le tournage de Twilight a déclaré le 13 septembre comme jour officiel de Stephenie Meyer.

. Pour Twilight, les acteurs qui jouaient des vampires ont regardé de nombreuses vidéos de chats, tigres, lions et autres félins pour comprendre leur déplacement et apparaître à l'écran avec la même grâce.

. Pendant le tournage de Twilight, Robert a essayé de se lever chaque matin à 5h30 pour aller courir.

. La scène favorite de Robert dans Twilight, c'est quand il essaye d'impressionner Kristen mais qu'il n'y arrive pas et qu'elle n'est pas du tout effrayée.

. Kristen Stewart a été choisie grâce à son interprétation dans le dernier film de Sean Penn Into the Wild.

. Enfant, Robert aimait Eminem, Jay Kay de Jamiroquai.

. Robert a une page myspace musique nommée Bobbydupea en hommage à Jack Nicholson dans Five Easy Pieces de 1970.

ROBERT ET L'AMOUR

Son sourire ravageur, ses yeux gris bleus, sa chevelure savamment décoiffée font de Robert Pattinson l'homme le plus sexy de la planète. Alors qu'il pourrait collectionner les conquêtes et voler de fille en fille, le plus célèbre des Anglais est un éternel romantique. S'il pense que l'on a le droit de tomber amoureux plusieurs fois dans sa vie, lorsqu'il débute une relation il se donne à fond et s'investit corps et âme pour qu'elle fonctionne. Toujours gentil, attentionné, serviable, ses petites amies sont entre de bonnes mains. Après avoir donné son premier baiser à douze ans, Robert a eu quelques aventures dont une qui l'a profondément marqué. A dix-sept ans, il a vécu une merveilleuse histoire d'amour avec Nina Schubert, une artiste peintre. Ils ont vécu ensemble pendant trois ans dans un petit appartement londonien. Nina a été son premier amour et pour l'instant l'unique. Tous les deux avaient une relation fusionnelle. Ensemble, ils ont affronté de nombreuses épreuves. Jeunes, sans argent, sans travail, ils vivaient d'amour et d'eau fraîche. Nina a toujours épaulé Robert dans ses galères et ne l'a jamais lâché dans les coups durs. Si aujourd'hui ils ne sont plus ensemble, Nina reste sa meilleure amie. Ce qui prouve que l'amour peut faire place à une amitié indéfectible. Et l'amitié entre fille et garçon, Robert y croit. Selon lui, il est tout à fait possible qu'entre deux personnes de sexe différent une relation amicale se noue avec le temps. Il suffit que les choses soient claires dès le début et qu'il n'existe entre les deux protagonistes aucune ambiguïté.

Contrairement à de nombreux acteurs, Robert ne profite pas de sa notoriété pour séduire les filles. S'il aime et respecte beaucoup ses fans, il n'a jamais cédé à leurs avances. Les femmes qui font craquer Robert sont celles qui sont dotées d'un fort caractère. Pour lui plaire, il faut être indépendante et s'assumer. Le bel Anglais craque pour les filles qui n'ont pas besoin que l'on s'occupe d'elles à chaque instant. Aux femmes enfants, il préfère les fortes personnalités. Etant lui aussi doté d'un caractère entier, parions que le couple qu'il forme avec sa petite amie du moment doit faire des étincelles.

Pour l'instant célibataire, les rumeurs concernant une liaison avec Kristen Stewart vont bon train. Tour à tour fiancés, bons camarades, il semble aux dernières nouvelles qu'ils soient un peu plus qu'amis, même si Robert déclare le contraire. Il a en effet affirmé qu'il n'avait pas encore rencontré la bonne personne, celle capable de lui faire perdre la tête.

Même si les fans respectent sa vie privée, cela ne les empêche pas d'être curieux et de faire des spéculations sur son avenir sentimental. Même si sa relation avec la belle Kristen Stewart est très floue, on peut toutefois faire le portrait robot de sa jeune femme idéale et étudier ses amitiés féminines peut être révélateur.

Robert sort beaucoup avec ses ami(e)s et a été souvent photographié en compagnie de Camilla Belle. On les voit tous deux rire et plaisanter sans se soucier des paparazzis car ils n'ont rien à cacher. Camilla Belle est en effet la petite amie de Tom Sturridge, le meilleur ami de Robert. Entre eux, il s'agit simplement d'amitié. On a aussi souvent vu Robert en compagnie de Katie Leung. Même si aujourd'hui la romance est terminée, ils sont restés très proches.

En ce qui concerne Kristen Stewart, Robert a souvent répété que l'une des raisons pour lesquelles il avait accepté le rôle d'Edward c'était parce que Kristen faisait partie de la distribution. Ce qui montre à quel point Robert aime les filles passionnées qui se donnent à fond dans leur métier. Ce qui n'est pas surprenant lorsqu'on le connaît ! Robert a énormément travaillé pour devenir un très bon acteur, et l'ambition est probablement ce qu'il cherche chez sa partenaire. Il a raconté lors d'interviews qu'il aimait les filles capables de lui tenir tête (C'est ce que l'on remarque lorsque Robert et Kristen donnent des interviews ensemble. Il s'affrontent, se lancent des piques et plaisantent l'un sur l'autre) et qu'il détestait celles qui s'endormaient sur leurs lauriers.

Si la vie sentimentale de Robert semble calme, c'est qu'il se concentre sur sa carrière. Même si à travers le monde il y a pleins d'acteurs prometteurs, très peu ont rejoint le haut de l'affiche comme il l'a fait ; Robert sait qu'il doit profiter de toutes les opportunités qui se présentent à lui. Il sait également que la carrière d'acteur nécessite de nombreux déplacements, ce qui rend difficile les relations durables comme il le désirerait. Ces dernières années il a parcouru trois continents : l'Europe où réside sa famille et où il a ses racines, l'Afrique où il a tourné, et l'Amérique. Il a tourné dans l'Oregon qu'il n'a pas aimé à cause de la pluie et à Los Angeles où il a eu le mal du pays.

Il est possible aussi que Robert se cherche et attende de voir qui de l'acteur ou du musicien l'emportera avant de partir à la recherche de l'âme sœur. Ou alors, comme Edward, il est tout simplement dans l'attente de la fille parfaite. Espérons qu'il n'aura pas à patienter 108 ans pour trouver l'élue de son cœur !

BEAU GOSSE ATTITUDE, MALGRÉ LUI

Elu par les Américains « The hottest dude of summer », « Le mec le plus canon de l'été » lors d'un sondage réalisé par le magazine américain Heat, Robert Pattinson devance Zac Efron et Chaning Tatum. Remisés les Brad Pitt, Leonardo Di Caprio, Tom Cruise, l'Anglais nouveau vient d'arriver. Plus sexy qu'aucun autre acteur, Robert Pattinson a cette beauté sauvage qui fait les plus belles « gueules ». Son regard gris-bleu, ses lèvres parfaitement dessinées, sa chevelure sauvage, son sourire ravageur en font l'incarnation de l'homme parfait. Alors que certains adolescents ont un physique ingrat qui heureusement s'arrange avec les années, Robert a toujours eu ce visage mi ange mi démon. A douze ans, il commence même une carrière de mannequin qu'il abandonne pour se consacrer au cinéma et à la musique. En 2007, il pose pour la marque de prêt-à-porter Hackett.

Si Robert a cette « beau gosse attitude », il n'est pas ce que l'on peut appeler une gravure de mode. Loin des stéréotypes habituels du playboy hyperlooké, il assume son côté rebelle et sauvage. Tee-shirts, pulls ras de cou, blousons, jeans, bonnets, il arbore un style casual qui lui va à merveille. Adepte des couleurs sombres comme le noir ou le gris, il a cette élégance chic des gens bien dans leur peau. Aux mauvaises langues qui lui reprochent son look peu recherché et sa manie de porter toujours les mêmes vêtements, il répond que c'est parce qu'il ne sait pas se servir d'un lave-linge (humour anglais !).

Lors des soirées ou des présentations de films, c'est un Robert Pattinson complètement métamorphosé que l'on découvre sur le tapis rouge. Costume foncé, chemise, chaussures italiennes, il incarne alors le jeune homme élégant et raffiné qu'il sait être en ces circonstances. Pour ces grandes occasions, il s'habille avec des vêtements que sa styliste ou son agent lui ont choisi, qu'il les aime ou non. Une star comme lui est constamment sous le regard des autres et sa tenue doit être irréprochable. Même si ses goûts sont parfois aux antipodes de ce qu'on lui fait porter, il se prête au jeu dans la joie et la bonne humeur.

Gossip dernière minute :

. Robert a tellement aimé les vêtements qu'il portait dans Twilight qu'il a demandé à les garder après le tournage.

L'AVENIR DE ROBERT PATTINSON

On pourrait penser qu'après être entré dans l'Olympe de la célébrité avec Twilight, Robert Pattinson pourrait se laisser vivre. Mais ce discours vaut pour les artistes qui cherchent la gloire immédiate et qui croient être arrivés seulement parce que la vie leur a donné une belle opportunité. Robert, avec sa sensibilité, sa créativité, son talent d'acteur et de musicien, mais aussi avec son sourire ravageur, essaie sans cesse de s'améliorer afin d'avoir d'innombrables possibilités dans une profession qui est désormais sienne.

Robert est fidèle à ses racines et à sa nature. Le succès en lui-même ne l'intéresse pas. Il ne le voit pas comme pouvant bouleverser sa vie actuelle. Ses deux meilleurs amis sont les mêmes depuis qu'il a douze ans et cette amitié ne va pas s'interrompre parce qu'il est célèbre. Robert est un jeune homme vrai et lucide qui ne s'est pas fait happer par les lumières d'Hollywood. Il n'a pas de luxueuse voiture, de vêtements de haute couture, et de bombe sexuelle pendue à son bras. Il vit avec un ami dans un appartement londonien. Etre bien ancré dans la réalité lui permet de garder les pieds sur terre. Sur le milieu du cinéma, Robert est sans pitié. Souvent déçu, il a parfois pensé abandonner la profession. Heureusement pour nous, il a changé d'idée lorsqu'il s'est rendu compte que si certains producteurs ne pensaient qu'à l'argent, on accordait encore de la valeur au talent artistique.

Ce que Robert aimerait faire, c'est jouer dans un film d'action. « J'ai toujours aimé Gambit des X-Me. ». Ce serait alors pour notre héros une nouvelle expérience et pour les fans une surprise.

Hormis le cinéma, Robert a la musique comme seconde option. Si ses projets sont encore un peu flous en ce qui concerne la scène musicale, il essaie d'écrire un album depuis plusieurs années et envisage de reprendre la musique sérieusement. Pour cela, il pourrait aller à Nashville travailler le piano et la guitare. S'il réussit à s'éloigner suffisamment longtemps de son public qui l'adore et s'il accepte de s'enfermer dans un studio d'enregistrement, il pourrait sortir un premier album. Ce qui, selon nous, semble peu probable !

Robert a un autre rêve : devenir scénariste. Cette envie est ancrée en lui depuis plusieurs années ; il écrivait même avant de devenir acteur. Selon Robert Pattinson, les acteurs n'ont aucun regard sur leurs dialogues ou sur leur

façon de jouer. En écrivant eux-mêmes les scénarios, il pense que les choses seraient très différentes. Il a pour cela envie de créer sa propre maison de production et a déjà commencé à écrire un scenario basé sur le journal intime qu'il tenait lorsqu'il avait treize ans. Ce projet intéresse son agent américain. Préparons-nous à voir bientôt Robert dans le rôle de scénariste.

Quel que soit le prochain projet de Robert, interpréter encore une fois Edward (croisons les doigts), se consacrer à la musique ou jouer dans un film dont nous n'avons pas encore entendu parler, il est clair que nous ne sommes qu'au début de l'histoire Pattinson. Son rôle d'Edward, son sourire, son charme fascinant, ses yeux clairs, lui ont permis de conquérir le cœur de milliers de jeunes filles. Peut-être qu'un jour, lorsqu'il sera devenu l'une des plus grandes stars du septième art, les fans seront fiers de dire : « Nous l'avons aimé dès le début. »

IL AIME – IL DETESTE

Robert aime :

Les chemises déboutonnées

Le sport

Le beurre de cacahuète qu'il a découvert sur un tournage. Depuis, il ne peut plus s'en passer. Sur les plateaux, on reconnaît son siège à la tranche de pain tartinée de beurre de cacahuète sur un accoudoir et à la canette de soda sur l'autre.

Robert déteste :

Se voir à l'écran (« Il me semble inutile de me regarder. Ou tu acquiers un fort ego ou tu déprimes. Donc, j'évite à chaque fois de me regarder. »)

La foule

Se servir des appareils ménagers

LES PEURS DE ROBERT

L'avion - le noir - la foule - être tué par un déséquilibré

JOUE AVEC ROBERT PATTINSON

DECOUVRE L'UNIVERS DE ROBERT PATTINSON

Trouve les quinze mots cachés dans la grille. Ils peuvent être écrits horizontalement, verticalement, de gauche à droite, de droite à gauche, en diagonale, de haut en bas, de bas en haut. Bonne chance !

AWARD

BELLA

CEDRIC

DALI

EDWARD

HARRY

MUSIQUE

NINA

PATTY

POTTER

RPATTZ

SEXY

SWAN

TWILIGHT

VAMPIRE

P O T T E R K L O I R G A T C
A K M A D J M N E A T T W J E
J Y W X W O A R S C D I Y O D
O I F V A M P I R E L R T A R
S E X Y R U J P I I E T T C I
S C A U D V A F G N I N A X C
A W Y R O T P H D A L I P O N
B O D W T D T I L E L E S T T
A M E Z I R R E O V K L N H I
B T E S Z A M U S I Q U E A L
A C L N A W S U M H I D A B M
V H Y X B A D H A R R Y J F P

TOUT CE QU'IL FAUT SAVOIR SUR ROBERT PATTINSON

1/ Quelle est la date de naissance de Robert ?

a. 13 mai 1986

b. 25 mai 1986

c. 13 mai 1987

2/ Comment s'appelle le papa de Robert ?

a. Richard

b. John

c. Charles

3/ Quel est le second prénom de Robert ?

a. David

b. Ruppert

c. Thomas

4/ Quel est le signe astrologique chinois de Robert ?

a. singe

b. tigre

c. rat

5/ Quel était le professeur préféré de Robert à l'école ?

a. son professeur de dessin

b. son professeur de musique

c. son professeur d'Anglais

6/ Quelle est la taille de Robert ?

a. 1,78 m

b. 1,88 m

c. 1,90 m

7/ De quels instruments de musique, Robert joue-t-il ?

a. piano et guitare

b. piano et saxophone

c. guitare et batterie

8/ Quelle est la boisson préférée de Robert ?

a. le thé

b. le Diet coca

c. le Schweppes

9/ Sur le tournage d'Harry Potter, Robert ne se séparait jamais de :

a. son iPod

b. son bonnet

c. son journal intime

10/ Quand Robert a-t-il appris à conduire ?

a. pendant le tournage de Twilight

b. pendant le tournage d'Harry Potter et la Coupe de Feu

c. Robert ne sait pas conduire

11/ L'une des peurs de Robert ?

a. l'eau. Il ne sait pas nager

b. le noir. Il a toujours eu peur de l'obscurité

c. les serpents

12/ A quel âge, Robert s'est-il mis du gel pour les cheveux la première fois ?

a. 12 ans

b. 14 ans

c. 16 ans

13/ Dans quel groupe de musique, Robert a-t-il joué ?

a. les Bad Girls

b. les Sugar

c. les Naughty Boys

14/ Quel sont les prénoms des soeurs de Robert ?

a. Suzan et Carla

b. Victoria et Elisabeth

c. Victoria et Margaret

15/ Quel métier, Robert a pensé faire lorsqu'il était plus jeune ?

a. homme politique

b. médecin

c. styliste

16/ Si Robert devait se retirer des plateaux de cinéma, il se convertirait dans ?

a. la musique

b. la danse

c. l'architecture

17/ Pour Twilight, il était prévu au départ que Robert se fasse ?

a. couper les cheveux

b. des extensions de cheveux

c. teindre les cheveux

18/ Lorsqu'il était livreur de journaux, Robert était payé pour le week-end ?

a. 10 euros

b. 30 euros

c. 50 euros

19/ Quel est le nouveau surnom que les fans de Robert viennent de lui donner ?

a. Beautiful Guy

b. Twilight Boy

c. Spunk Ransome

20/ Dans Twilight, Robert portait des lentilles couleur or. Combien de temps lui fallait-il chaque matin pour les mettre ?

a. cinq minutes

b. quinze minutes

c. vingt minutes

CONNAIS-TU TOUS LES SECRETS DE ROBERT PATTINSON ?

1/ Le passe-temps préféré de Robert lorsqu'il est seul :

a. ranger ses armoires

b. peindre

c. rédiger son gossip sur internet

2/ Robert a la mauvaise habitude de :

a. grignoter toute la journée

b. boire trop de café

c. se ronger les ongles

3/ Lors de la première de Twilight, Robert :

a. a eu une crise de panique

b. s'est bagarré avec un paparazzi

c. s'est saoulé

4/ Robert a du mal à :

a. se taire

b. mentir

c. dire non

5/ Le secret professionnel de Robert est :

a. monter une maison de production

b. faire du doublage pour un dessin animé

c. investir dans un restaurant

6/ Pour passer inaperçu, Robert :

a. entre dans les hôtels par les portes de service

b. met des vêtements passe partout

c. porte des lunettes noires

7/ Robert a la fâcheuse manie de :

a. couper la parole

b. bafouiller

c. combler les trous des conversations

8/ Robert déteste :

a. qu'on le regarde fixement

b. être interpellé par un fan

c. qu'on ne le reconnaisse pas

9/ La manie secrète de Robert :

a. se laver les mains quinze fois par jour

b. tout faire cuire au micro-ondes

c. parler la bouche pleine

10/ Même s'il n'excelle pas dans cette discipline il le fait quand même :

a. jouer du piano

b. écrire

c. conduire

ROBERT ET LES ASTRES

Date de naissance de Robert : 13 mai 1986

Signe zodiacal : Taureau (21 avril – 21 mai)

Elément : terre

Planète : Vénus

Symbole : le taureau

Pierre : Emeraude

Couleur : vert

Métal : cuivre

Vibrations : Détermination – Energie

Secrets : avoir une vie tranquille et heureuse

Trait de caractère : parfois rebelle – déterminé,

Né le 13 mai, Robert est du signe du Taureau. Comme tous les natifs de ce signe de terre, Robert avance lentement mais sûrement, de façon à ne pas faire de faux pas. Réputés pour leur lenteur, les natifs de ce signe ont leur propre rythme, réfléchissent, pèsent le pour et le contre avant de prendre une décision.

Le Taureau est régi par Vénus, la planète des plaisirs et de la joie de vivre. Bons vivants, les natifs de ce signe apprécient les plaisirs simples, le côté esthétique des choses et l'argent est pour eux un moyen de vivre agréablement. Pour être en harmonie avec eux-mêmes, les natifs du signe du Taureau ont besoin de tranquillité. Les changements et les remises en question leur font peur, tout comme les remous.

Sur le plan amoureux, les natifs du signe du Taureau sont dotés d'une nature aimante, romantique, gaie et facile à vivre.

Taureaux célèbres :

Lily Allen ; Kelly Clarkson ; Megan Fox ; Salvadore Dali ; Georges Clooney

PRIX

. 2008

Hollywood Film Awards

Révélation masculine de l'année pour son rôle dans How to Be

Strasbourg Film Festival

Meilleur acteur dans How to Be

. 2009

Teen Choice Awards

Personnalité la plus hot de l'année

Meilleur combat dans Twilight

Meilleur baiser dans Twilight

Meilleur acteur dans Twilight

Meilleur film d'amour Twilight

Meilleur drame Twilight

MTV Movie Awards

Meilleur baiser dans Twilight

Meilleur film Twilight

Meilleur combat dans Twilight

OU LUI ECRIRE

Curlis Brown Group Ltd
Haymarket House, 5th Floor
28-299 haymarket
London SW1Y 4SP
ENGLAND

REPONSES AUX JEUX :

TOUT CE QU'IL FAUT SAVOIR SUR ROBERT PATTINSON

1.A ; 2.A ; 3.C ; 4.B ; 5.C ; 6.B ; 7.A ; 8.B ; 9.C ; 10.A ; 11.B ; 12.A ; 13. A ; 14.B ; 15.A ; 16.A ; 17.B ; 18.A ; 19.C ; 20.C

De 0 à 6 bonnes réponses

Bof !

Ou tu viens juste de découvrir qui est Robert Pattinson et dans ce cas il faut que tu t'entraînes ou tu l'as confondu avec un autre beau gosse et là c'est plus grave.

De 7 à 14 bonnes réponses

Pas mal !

Même si tu es un (une) vrai (e) fan il te reste des progrès à faire. Je suis sûre que tu peux t'améliorer. Avec un peu d'entraînement tu seras bientôt incollable et tes ami(e)s seront vert(e)s de jalousie.

De 15 à 20 bonne réponses

Félicitation !

Tu es incroyable. Tu connais Robert comme si c'était ton ami d'enfance. Si un jour tu le rencontres, montre-lui à quel point tu le connais bien. Il n'en reviendra pas.

CONNAIS-TU TOUS LES SECRETS DE ROBERT PATTINSON ?

1.C ; 2.B ; 3.A ; 4.B ; 5.A ; 6.B ; 7.C ; 8.A ; 9.B ; 10.C

De 0 à 3 bonnes réponses

Juste une connaissance

Tu as encore beaucoup de progrès à faire car tu ne connais pas tous les petits secrets de Robert. Si tu veux impressionner tes amis, révise encore un peu. Pour l'instant, c'est comme si tu étais pour lui une simple connaissance.

De 4 à 7 bonnes réponses

Copain/Copine

Tu as encore des progrès à faire, mais c'est bien. Tu connais presque tous les petits secrets de Robert. Exerce-toi encore un peu et tu passeras dans la catégorie ami intime.

De 8 à 10 bonnes réponses

Ami(e) intime

Robert n'a aucun secret pour toi, c'est à croire que tu fais partie de ses proches. S'il te rencontrait il serait subjugué. Tes connaissances sur lui sont impressionnantes !

DECOUVRE L'UNIVERS DE ROBERT PATTINSON

P	O	T	T	E	R	K	L	O	I	R	G	A	T	C
A	K	M	A	D	J	M	N	E	A	T	T	W	J	E
J	Y	W	X	W	O	A	R	S	C	D	I	Y	O	D
O	I	F	V	A	M	P	I	R	E	L	R	T	A	R
S	E	X	Y	R	U	J	P	I	I	E	T	T	C	I
S	C	A	U	D	V	A	F	G	N	I	N	A	X	C
A	W	Y	R	O	T	P	H	D	A	L	I	P	O	N
B	O	D	W	T	D	T	I	L	E	L	E	S	T	T
A	M	E	Z	I	R	R	E	O	V	K	L	N	H	I
B	T	E	S	Z	A	M	U	S	I	Q	U	E	A	L
A	C	L	N	A	W	S	U	M	H	I	D	A	B	M
V	H	Y	X	B	A	D	H	A	R	R	Y	J	F	P

the
new

light saga
moon
20.09